JN438085

메 시 지

메 시 지

서 주 열 제2시집

도서출판 청옥문학사

■시인의 말

메시지를

지난날 무수히 반갑게 주고받았던 메시지, 온정이 듬뿍 담겨 가슴이 뭉클해져서 붕붕 날던 그때의 그 기분! 그러나 한편으로는 안타까운 마음이 서린 사연도 있었다.

어쩌랴! 청에 응하지 못한 쓰라림 때문에 한없이 미약함을 원망했지만, 그것뿐인가 보내려는 메시지가 한량없이 많아서 바구니에 꽉꽉 들어차 넘치는 기쁨과 슬픔들 그리고 황홀함과 애환들이다.

지금은 메시지 속에 담긴 애환과 슬픔 그리고 즐겁고 황홀했던 사연들을 글로서 풀어내어 많은 이 들에게 시로 옮겨서 보내는 것이다.

그래서 나는 메시지를 시詩로 읽는다.

2012년 9월 봄날 문산정에서

문산 서 주 열

■ 제 1 부

진실된 사랑

■ 제 2 부

풀잎추억

■ 제 3 부

사월입니다

■ 제 4 부

밸런타인데이

■ 제 5 부

오월에 핀 코스모스

제 1 부

진실된 사랑

기다리는 마음

당신이 보고 싶어요
오늘도 그리 불러 봅니다

기다리고 있으면 외로워지고
보고 싶으면 눈물만 흐르는데
그 눈물로 씻은 당신의 모습이
참으로 아름답습니다

어찌해야 합니까
기다리고 있을까요

생각하면 가슴이 타들어가도
언제 올 줄 모르는 당신이기에
마냥 기다릴 수만 있을런지요

그러다 당신이름 잊혀 질까 봐
그것이 겁이 납니다.

당신을 생각하면

당신을 생각하면 자꾸만
그리워지는 것은 눈길이 가는 그곳으로
마음도 따라 나서기 때문입니다

돌아서면 그립고 못 보면 가슴 터지는데
이 일을 날마다 어찌해야 할지 알 수가 없으니
타버린 가슴 그러다 움켜쥐어야 하는 겁니까

당신의 이름을 보면 고물고물 글자들이 춤을 추며
가늘고 기다란 당신의 목을 끌어안으면
내게로 굴러오는 아름드리 꽃이겠지요

이리되면 병이랍니까
이리하면 사랑입니까

아무리 생각해도 혼자서는 풀 수 없기에
진심의 내 사랑을 당신 앞에 이제 털어 놓으렵니다.

국민가수

이 세상에 노래가 없었다면
가수들은 어찌되어 있으며
이미자는 무얼 하고 있을까?

봄이면 논두렁 밭두렁에서 벌 나비를
여름엔 동 서 남쪽 바다를 노래하고
가을이면 설악산과 내장산의 단풍을 보며
겨울엔 설국의 설화를 노래 할 텐데

그러다 중간중간 동백아가씨를 부르고
언제나 인상적인 홍콩의 왼손잡이 사나이
훈풍이 부는 날이면 여수의 동백꽃 피는 항구
가슴이 뭉클해지면 벽오동 심은 뜻을 불렀다

우아한 한복을 입고 오십년을 그렇게
날마다 노래를 불러댔던 엘레지의 여왕

기러기아빠 눈물이 진주라면 섬마을 선생님을 부르고
열아홉 순정을 꺼내어도 지칠 줄 모르는 지난 세월들

그래서 온 국민은 이미자의 노래를 사랑하였고
당신은 눈물과 즐거움을 우리에게 주었다

헤일 수 없이 수많은 날마다
온 천지에 심어놓은 동백아가씨들이
너도나도 일어나 추대한 이미자는
지금 대한민국의 국민가수왕.

바다처럼

내가 가고 싶은 곳은 수평선이 보이는 바다
언제나 나에게 당신은 그런 사람입니다

항상 그렇게 가고 싶은 건
그냥 한번 해본소리가 아니니
오지 못할 거라고 아예 하지마세요
한 발짝 한 발짝씩 지금부터 이미
당신을 향해 움직이고 있어요

내가 가는 그 길에 설마
당신이 돌아선다 해도 절대로
내 마음은 변하지 않을 거예요

돌아서면 돌아서는 대로
멀어지면 멀어지는 대로
한 걸음 한 걸음을 무작정
당신 품을 향해 걷고 있으니
내 가슴 닿을 때까지 기다려주세요.

목단꽃

오월이면 피는
우리 집 목단꽃

언제라도
보기만 하면
가슴이 넓어진다

향기를 흠뻑 챙기면서
온 골목 쏘다니던 지난시절

집에 들어와 밥 먹어라

어머님이 등 뒤에서
부르는 소리 들려오는 것 같아

지금도 뒤돌아보게 하는
지난날 우리 집 목단꽃.

매화

찬바람이 불고 있다기에
가슴 쥐어 오그리면
아무도 찾지 않아 자꾸만
외로움 흘리고 있었습니다

봄눈 하얗게 내리면 천지가 다
꽃눈으로 피어나 하마터면
나도 몰래 밖으로 뛰쳐나와
봄노래 부르려 했었습니다

항상 칠흑의 밤에도
봄을 기다리며 참아내고 있을 때
옆에는 그 누구도 말을 걸지 않아
언제나 혼자인줄 알았습니다

봄비가 내리니 온몸이 근질근질
왜 이리 가슴을 다 녹이는지요
두근두근 앞가슴이 열 오르는데
이럴 땐 활짝 열어야 합니까

지난날 견뎌낸 끈질김으로
그렇게 참아왔던 내 인내가
봄비 한 자락에 허물어져
파계승이 되어버린 몸에서
토돌토돌 매화꽃 피워냅니다.

민주의 전화

할아버지 엄마가 때렸어요
금사천리를 타고 흘러온 여린 목소리로
간간이 울먹이면서 전화를 건다
그래 민주야 할아버지다 엄마가 그랬구나
언젠가 나 한테 꾸중을 듣고서는
다 말해 엄마한테 다 말해 장전동*에 그러던 아이다

내가 데리고 있다가 어제 제 엄마 따라
서울로 간 아이 우리나이 네 살인데 세 살 때
신문을 읽고 쓰고 조금은 영특하다

할아버지 지금 무얼 해
응 할아버지는 지금 공부하고 있단다
운동은 언제 했는데
응 아침에 했단다
민주도 공부도 하고 운동도 하여라
예 근데 할아버지 서울 집은 왜 안 오는데
응 민주가 서울 집에 갈 때 말 안 했잖아
아 참 깜박 잊어버렸어요

아니 근데 그때 할아버지가 없었잖아요
그럼 민주가 전화해도 되잖아
아 그럼 할아버지 차타고 집에 오면 되잖아요
그래 민주 보러 갈게

민주와의 약속 언제쯤 지켜지려는지
눈에 선해 보고 싶다 민주야 녹아내리는
이 마음을 너는 언제쯤 알려는지.

민주 외갓집
2006년 4월 6일 월요일 A. M 8시

라면

뜨겁게 끓는 양은냄비에
라면이 첨벙 뛰어들면
공기방울이 봉알봉알 소녀의
젖은 머리카락처럼 살아있음을 안다

양념과 수프를 육신에 쏟아 부으면
향내에 젖어들게 해서
맛을 내는 방법을 아는 라면

커다란 국자로 휘저어
양재기에 한껏 건져 올리면
어금니에 침이 고이고
국물 한 그릇으로 인심을 쏟아낸다

세상에 너희들이 없었다면
젓가락들이 가장 서운했을 테고
그들이 너희들을 사랑했기에
너는 그래서 몸을 던졌으리라.

선운사의 가을

단풍으로 치장한 가을이
선운사를 감싸고 돌면
그 시작은 아무래도
도솔암에서부터 시작했다

산천을 흐르는 저 찬란함은
천지를 주홍으로 물들여서
한 폭의 그림을 그려내는데

길 따라 도솔천 따라
흘러내리는 저 황홀한 풍광으로
온 산천에 불을 붙이고 있다

꽃송이로 휘날리는 단풍이
십리 길을 이어놓은 장관은
산사를 그림 속에 가두는데

선운사에 오신 보살들까지
붉은 물결로 꽃을 피우는 것은
모두가 다 부처님 세상이다.

에너지

거친 바다는 이미 분산된 힘
에너지로는 거덜 난 매력이다

그러나 조심스레 일렁이는 바다가
무한한 에너지를 느끼게 되는 까닭은
언제 폭발할지 모르는 강력함 때문이다

그런 힘을 숨겨 수면 위로 바짝 들어 올리면
햇살이 빚어낸 투명한 반짝임과 어우러져
에너지는 마침내 하늘을 넘본다

누구나 수면 위의 일렁임을 보고
엄청난 힘을 느낀 적이 있을 것이다
강력한 수면 위의 빛에 반한 詩人은
그래서 바다를 詩로 옮겨 놓았다

수면 위 빛을 서재에 옮겨 놓았지만
詩 쓰기가 무의미 하던 어느 날
수면 위 빛이 자꾸만 詩人을 부르면
눈으로 깊숙이 달려드니 참으로 이상한 일

바다에 빛이 이처럼 많았었는지를
알게 된 詩人은 이제부터 그런
무한 한 일렁임을 온 몸으로 안아 들인다.

운문호

알프스 북쪽에 자리 잡은 운문호
아름다운 명패를 목에 걸었지만
개발의 그림자가 된 상실의 울분을
안고 있는 수몰민들을 모른 채 하니
가슴 부글부글 끓는 줄 너는 모른다

수몰지구에서 태어난 사람들은
지난날 그리운 고향집과
어릴 때 뛰놀던 놀이터와
청운의 꿈 펼치던 초등학교를
겁의 캡슐 속에 묻었으니 오죽하랴

청도 제일의 풍광 풍암벽은 어떻고
영남의 선비들이 시류를 논하던 곡천대는
어디에 숨겼는지 보이질 않는다

왕건과 견훤이 병정놀이* 할 때
일등으로 달려가던 왕건의 길까지
모두다 어디에 묻었는지 알 수 없어서

둑 아래 망향정 모셔놓고
날마다 모이는 이곳 사람들
수구초심首丘初心 망운지정望雲之情이란다.

*병정놀이 : 후 삼국 때 견훤에게 패퇴할 때

지면서 이기는 것

잃어버린 사랑을 찾으려고
날마다 달마다 해마다 애태우던
지난날의 아까운 젊은 시절

지금은 반백이 되어서
지난시절로 되돌려 보면은
조금은 쑥스럽기도 하답니다

생각하면 그리워지고
못 보면 죽을 것 같은 사랑
죽지 않고 이렇게 살고 있네요

지금까지 살아오면서 당신을 생각하면
놓쳐버린 보석들 보다도 더 많은
아쉬움에 가슴은 텅텅 거렸어요

항상 사랑은 말로 하지 말고
행동으로 해야 한다는 선배의 조언이
지나간 세월에서 새록새록 생각난답니다

그렇지만 지금은 세월에 묻혀서
당신의 자리에 새로운 주인이 들어와
사랑이 넘실거리고 있답니다

그 사랑이 온 집안을 지배해버린 지금
당신을 잃었기에 지금에 와서 이 사람이
대신해주는 좋은 사랑인지 모르겠지만
그래도 어쩔 땐 울컥울컥 당신을 생각해봅니다.

자연보호

하늘은 구름이 보이질 않네요
바람이 오지를 않아 소리도 없네요

맑은 하늘을 보니 정상에서 멀어지고
들녘에서는 그림을 그리고 있는데
강줄기는 거기에다 가르마를 타네요

꿈쩍을 하지 않은 나뭇잎들은
귀를 귀울이고 소리를 찾는걸 보면
어제 밤 초목들이 도란도란
퍽이나 재미있었나 보네요

자연은 적막강산이라서 쥐 죽은 듯
숨을 멈추는데 귀는 더 시끄러워 집니다

사람이 자연을 보호한다는 것이 어쩌면
방자한 것 같아서 다시 생각하지만 그래도
우리는 보호해야 할 우리의 자산입니다.

진실 된 사랑

두 번 오지 않을 것 같은
진실 된 생각에서
그리워하는 만큼의 슬픔을
안겨준 당신을
참으로 사랑합니다

절대로 모르는 사랑이 아니지요

당신을 사랑하는 나는
생각보다 보잘 것 없는 줄 알면서도
항상 부족한 모습 보이지만
영원토록 각인 시키고 싶은 마음에
생명이 있는 날까지 오직 당신만을
사랑하고 있을 나입니다.

통도사의 송림

맑은 물 흐르다 숨죽이면
안개가 가끔씩 들리는 곳
천년도 더 사는 통도사는
뒤란에 푸른 송림을 두르고 있다

비비고 뒤틀고 서로 엉켜져서
즐기며 살아가는 청솔들의 풍경*
너희들도 흠뻑 든 정으로 그렇게 사는 구나

서로를 부딪치며 사는 법을 알리는
산사 뒤란의 청솔들을 보면
우리네 형제들처럼 저리도 장난을 치고
주고받는 사랑을 드러내는구나

사랑하면 모두가 다 이러는 것이라고
통도사 송림들이 속세에 일러주고 있다.

*통도사 뒤의 엉켜진 소나무군락.

하롱베이

베트남의 하롱베이에서는
사계절 내내 날마다 밤마다
바위섬들이 해수욕을 하고 있다

언제부터 그런지도 모르고
처다 보면 그저 좋다고 생각되어
눈만 뜨면 들여다보는 그런 풍광이다

둥근 몸 갸름한 얼굴 늘씬한 몸매로
젖가슴 적시며 서서 멱을 감고 있어도
외지인을 전혀 부끄러워하지 않는 암도들

일본군이 뽑아가고 싶어 했었어도
프랑스군이 처 들어오다 기절초풍 했었어도
미군이 베트공들의 공동묘지를 만들려고 했었어도
하롱베이 바위 숲들은 유유히 멱을 감고 있었다

대나무 밭이 물에 잠긴 것처럼
바다에서 수영을 하는 섬 숲을 보다가
아랫도리 벗고 서있는 키스섬을 보니
물에서도 왜 그런지 입속이 훨훨 타고 있다.

제 2 부

풀잎추억

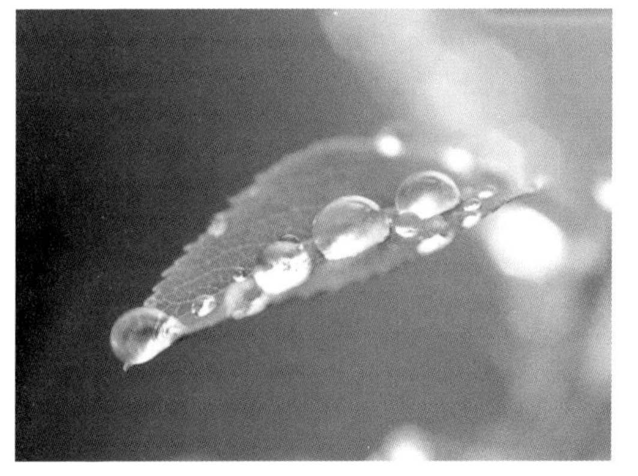

소중한 사랑

내미는 당신의 손길이
사르르 가슴을 파고들면
어느새 나도 모르게
순간을 멈춥니다

흐느낌으로 길들여져 안겨지는 몸
당신의 발걸음 닿는 곳마다 나 또한
함께 머무르고 싶습니다

심장 소리 내 가슴에 그대로
뜨거운 핏줄에 옮겨질 때
애태우던 그리움 달아올라
내 입술 그대 입에 담그고 싶습니다

당신 앞에서 눈감으면
작은 소리로 다가오는
가랑비 같은 소중한 사랑입니다.

단풍을 보며

가을은 언제나
스륵스륵 새벽마다
푸른 잎을 물들이는데

나뭇잎에 수를 놓아
바람으로 춤을 추면
가을이 두 눈에서
자꾸만 일렁거립니다

사람들은 가는 세월을
왜 보고만 있을까요
쉬었다 갈 줄 모르는
그 세월을 세상은 알고 있는데

널려진 낙엽은 해마다
가을바람이 품고 가면은
그 낙엽 따라 가는 세월은
누가 사랑을 해줄까요.

당신은

나에 가장 소중함은
바로 당신입니다

당신이 있음으로
항상 빛나는 소중함은
새로운 세상으로 열립니다

오늘도 그런 세상 속에
나 또한 그러함을 바라며
언제나 미소 짓는 눈으로
바라보는 당신입니다

항상 생각하는 당신이지만
어쩔 땐 챙기지 못 해도
절대로 잊지 마세요
나에 가장 소중함은
바로 당신입니다.

만덕의 봄

만덕의 봄은 만덕사 입구 양지바른 곳
돌 틈 사이에서 소곤소곤 고개 내민다

계단을 오르는 아지랑이들이
돌 사이의 민들레 꽃잎을 불러 모으고
언덕의 제비꽃들도 노랑나비에 손짓해대면

백양산 두견화 터지는 소리에
상계봉 뻐꾸기소리 함께 실어 내려서
만덕의 심장 삼성아파트를 봄기운으로 덥는다

샘터 앞의 오거리는 봄바람 밀어 올리니
널려진 은행나무들이 눈곱을 뜯어내고
아롱다롱 찾아온 봄이 재롱을 부리는데

이곳의 봄은 아장아장 그렇게 오니
들은 정이 깊은 만덕 여인들의 가슴에
들어찬 봄이 환하게 웃는 만덕의 봄.

메시지를 읽으며

여태까지 당신에게 보내려던
그리움의 메시지를 모았다가
이제야 휴대폰을 열어놓고
그 메시지들을 꺼내보고 있어요

당신께 발송 하지 못해서
쌓여진 많은 분량을 헤집어 보면
지금도 항상 잊지 못하는 것은
아무리 생각해도 끓는 가슴이
가라앉지를 않기 때문입니다

당신이 내 가슴에 박혀있어
아직도 살아있음은 설레기만 한데
그래도 당신에게 보내야 하는 이 메시지들

행여나 당신의 그 휴대폰 번호가
어쩌다가 지워질까 두려워서
하루하루가 애를 태웁니다.

변산반도의 설경

편서풍을 타고 바다를 건넌 구름이
겨울이면 눈 장마를 퍼 붓는다

하늘 땅 바다가 자리한 변산반도는
볼거리 널린 자연의 박물관
내소사 천년고찰 빼어난 설경을
아무나 볼 수 없는 설렘에
줄지은 전나무가 하늘을 덮고
늘어선 각선미는 눈으로 치장을 했다

다리긴 아가씨들 눈 밟는 뽀드득 소리에
들뜬 가슴 일으켜 세우느라고
채석강 바다 밀물 억년의 세월은
잠 못 이룬 철석임 속에서
수 만권 쌓은 책이 눈바람에 적신다

설국의 고을 부안 땅 변산의 내리는 눈
하늘이 주고 간 지상최대의 설화.

단장면

봄이 올 때 눈길을 제치며 길을 내고서
춘삼월을 한바탕 놀다간 자리에다
여름이 그 길 따라와서 자리 잡는다

여름도 산간오지는 힘이 부치는지
온 들녘 다 둘러보고 나서 이제야
산을 올라오니 항상 숨이 차 더디게 온다

첩첩산중 밀양의 삼대 오지 감물리에
여름이 찾아와서 자리 잡고 있으니
몇 달을 이곳사람들과 어울릴 모양이다

감물리는 그래도 중리마을 구기마을과 함께
용소마을에 회관도 있고 물이 달다는 우물이 있고
앞 늪에서 용이 살다가 승천한 명소다

구천산 만어산 석이덤방우산 천지봉들이
마치 백두산 천지를 16개의 봉우리가 감싸듯이
감물리의 좀상좀상한 다락 논을 보전하고 있다

그래도 감물리 사람들은 환환 얼굴로
이리보아도 밀양 단장면은 넓디넓어서
양산군보다 세평 반밖에 적지 않은
면이라고 힘주어 땅 자랑 하고 있다.

송도의 신세대 등대

고독을 짊어지고 있는 등대는
혼자 외로움을 씹으며 살고 있는데
순백색 원통이 그래서 아른거린다

섬 조각이나 땅 끝에서
구조물을 딛고 서있는 조명대는
항로를 찾아가는 배들을 인도하려고
불을 토해내고 있어도
무심코 지나는 배들 때문에
외로움을 더 태운다

그래도 송도해수욕장에서는
등대가 바다에 불을 지피면
해변의 돌고래가 무지개를 넘어
찬란한 예술을 만들어 낸다

밤 마실 나온 손님들이 모두가
최상의 인기를 누리는 것은

치올리는 빛이 흘러온 빛과 섞이면서
조화를 부리는 밤 풍경 때문이다

신세대로 태어난 등대가
바다냄새를 물씬 풍기고 있을 때
송도의 야경을 손잡고 있으면
부산바다가 환상으로 일렁거린다.

신 만덕 소식

언제부터 신 만덕*에서
날마다 쳐다보는 백양산 있소

봉우리에 이고 있다가
성가시면 구름을 왜
쫓아 버리는지 모를 일이오

그리고 이따금씩 산허리 돌아가는
이름 모를 새들도 있소
무슨 순찰을 도는지
어디에다 보고를 하는지
모를 일이오

남 동 북이 산으로
병풍을 치고 있고
서쪽은 낙동강이 흘러오는 곳이오

그저 구름석인 파란하늘을 보면
뭉게구름 들렀다 가고
산은 초록으로 덧칠을 하였소

나는 오늘 구름과 놀고 있고
詩를 짓는 詩인이오 그래서
혼자 있는 날이니 그리 아시오.

*부산 북구 만덕2.3동

욕지도欲知島

달 밝은 한산섬보다도
미인도라 불리는 비진도보다도
등산객들로 왁자지껄이는 사량도 보다도
더 넓게 비춰진 욕지도欲知島

근처에서 몸집이 가장커서
통영의 섬들이 큰형님이라 부르지만
사슴과 염소를 키웠다고 녹도라고도 불렀다

사방에 두미도와 상하上下 노대도가 있고
우도 연화도등 십여 개의 유인도와
삼십 여개의 무인도가 어울러져 있는 섬

거기엔 하늘같이 높은 천황산*이 있고
옥수玉水 같은 해수욕장이 셋이나 있는
육지에서 비져저서 나온 아름다운 섬이다

욕지도를 어찌 보면 아령을 닮은 것 같아
동쪽은 자갈마당을 이룬 덕동몽돌 밭이 있고
서쪽은 훤칠하게 널려진 백사장이 장관인데

아령의 중앙에 걸터앉아 일출을 보고
저녁은 벌겋게 타들어가는 일몰을 바라보며
하루를 즐기다가 감성돔 회에 그 사람과
소주잔 주고받음이 최상의 일품이다.

*392m

안개 낀 석불사

언제 본적 있었더냐
내려다보는 신 만덕을

아무것도 보지 않으려는지 안개로
감싸않은 산사가 앞을 보지 않고 있다

눈뜨면 화쟁을 일삼고
깨우치지 못하는 중생들을
그냥 한번 놔두자는 것인가

화엄경을 외우고
삼라만상을 다스리는
산사가 안개를 헤집고 있는데

안개 낀 석불사에서
신비로 성을 쌓는 지금
세상 온 누리에 퍼뜨릴
자비를 채우고 있다.

일곱 살

티를 내는 미운 일곱 살

말끝마다 싫어 나는 안 해
시키는 것 마다 항상 청개구리다

쿵쿵거려서 못살겠으니
대책을 세우라는
아래층 아저씨 때문에 매를 들었다

엉엉 울어서 눈물 자국으로 범벅이 되어
제방으로 들어가는 아이의 모습

아파트에 사는 게 측은해서
피자한판 불러주니
조금 전 혼나고도
환하게 웃는다

일곱 살 아이 얼굴.

찐빵

한겨울 눈 내릴 때 출출해서
생각나는 우리들의 간식

허름한 골목은 문전성시 이루어
허기진 배 채우려고 사람들이
언제나 빵집으로 몰려든다

모락모락 김이 흰 구름을 피우면
사르르 군침이 돌고 돌아서
입안에 폭 집어넣어 살근살근 씹으면
뱃속에서 방긋 웃는 소리 들린다

주머니 사정이 녹녹하지 않을 때
항상 시린 마음 녹여주고
지난 추억 까지 챙겨주는데

가게 집에서 먹고 있는
오백 원짜리 동그란 찐빵.

참말

참이란 참으로
바르고 진실해서
우수함 이란다

참자가 붙으면
모두가 그렇다

참기름
참나무
참말
참사랑

나도 모르게
고개가 저절로 끄덕여 진다

그 때 그 사람이
나를 보고 하던 말
진짜로 진짜로 참말이라고 했었는데.

평양예술단

반갑습네다
반갑습네다
만나서 서로가 반갑습네다

공연단들의 향연소리에
반가워지는 내 마음도
가슴이 뭉클해지는 줄을
알고 있나 보다

한때는 공산주의자라고
언제는 공산당원이라고
그렇게도 멸시 당하던 사람들

생명을 담보로 내놓고
두만강을 건너고 압록강을 지나서
만리 길을 돌아온 당신들은
진정 그렇게도 반갑습니까

그리하여 하나같이
동족으로 뭉쳐있으니
그렇게 반가워 할 수 있습니까

우리가 오천만이 되고
칠천만이 된들 무엇 합니까
마음을 닫아걸고 철조망을 쳐놓고도
무엇이 그렇게 반가운 것인 줄을.

풀잎추억

엄마 심부름은 항상 건성이고
산과 들 냇가에서 어두워진 줄 모르고
뛰놀던 어린 그 시절

하늘에 뭉게구름 세알이다
풀밭에서 뛰고 뒹굴고
크로바 꽃시계 만들어
영심이 손목에 채워주었다

풀잎에 개미손님 태워서
냇물에 내려 보낼 땐 손뼉을 치며
즐거워하던 그날들

지금은 마주보며 웃음 짓던
지난날 영심이 와의
풀잎추억 그립다.

제 3 부

사월입니다

겹벚꽃

사월이면 활짝 피어서
아침저녁으로 거니는 사람에게
항상 상쾌함을 선사하는 꽃

지난겨울 오고 갈 때
발걸음 무겁게 만들었던 벌거숭이들이
지금은 하얀 꽃 뒤 덮혀 마음 즐겁다

흰색 벚꽃이 그러는 줄 알았는데
이제는 겹벚꽃이 다시 찾아와
푸른 오월을 치장을 한다

벚꽃도 남심이 있고 여심이 있는가
겹꽃이 요염하여 앙증을 부리고
단장을 하다가 이제야 얼굴을 내민다

겹으로 오고 다발로 오는 오월의 얼굴
여심으로 다가오니 가슴 설렌다.

그런 사람

늘 보아도 신선한 모습으로
언제나 웃어주고 싶은
그런 사람이 있습니다

가슴에서 뿜어져 나오는
뜨거운 마음으로 그대 손을
잡아주고 싶은 그런 사람 있습니다

날마다 문자 메시지 보내면서
내일 만나자고 정해놓고서
그 단시 참지 못하고 우리
다시 만나자고 하는 사람 있습니다

시도 때도 없이 너 없으면 못살겠다
말해주고 싶은 사람 있어도
그래도 가슴에 쌓인 마음을
다 펴내지 못하는 그런 사람 있습니다.

떡볶이

콧잔등에 송글송글 땀방울 흘리며
떡볶이를 먹고 돌아서면 또 먹고 싶어
호호 불며 마시는 오뎅 국물

쫄깃쫄깃 떡볶이가 입속에서 놀다가
말랑말랑해져서 먹는 여인의 입술이
몽글몽글 탱글탱글해진다

여학생들이 깔깔대며 먹는 소리와
시장골목 아줌마들의 억양이 조화를 이루고
아스팔트 위를 걷는 아가씨들의
발자국 소리도 함께 듣는다

비 오는 날 철판위에서
자글자글 끓고 있는 떡볶이
매콤하고 짬조롬 해서
얼큰한 코를 벌렁거리게 한다

이쑤시개로 쿡 찍어 씹으면
혓바닥이 알알하고 칼칼해서
입안이 금방 화끈화끈 알 딸딸
뱃속에서 홧홧 불이 붙었다

떡볶이는 펼쳐진 한국여성사
그 속에 삶과 눈물이 고여 있어서
대한민국 여성의 간식문화다.

등산로 입구

등산로 입구는 언제나 즐비한
음식점이 있어 날마다 시장처럼 붐빈다

해질 무렵이면 항상 봄 여름 가을 겨울에도
하산한 남녀가 등산객들로 꽃들을 피워내는데

많은 사람 그들 중에 정상을 오른 사람도
중도에서 어설프게 되돌아 온 사람도
분명히 있을 텐데 그걸 알 수가 없다

어디까지 다녀왔던 간에 일단 내려오고 나면
같은 높이에 있다는 것을 아무도 구별 못하는데

남들이야 그러하지만 얼마나 노력하고 왔는지는
솔직히 자기 자신만은 알고 있을 것.

미친나

승승장구하는 롯데야구
요새 갸들이 미친나
짓궂은 우수개 소리다

잘 치고 잘 달리라는 격려지만
그래도 사투리를 쓰지 않다 보면
교양 없는 말투로 들리는데도
부산사람들의 역설적 의미다

허구 헌 날 단골 꼴찌던데
요즘은 만만한 팀에게
그 자리 내다 팔았나보다*

산삼을 먹였는지 녹용을 먹였는지
치고 달리고 넘기고 펄펄 진작 그럴 걸
그러다 올해는 챔피언 먹겠다 롯데 갸들이.

*2011. 8. 25.

밀포드트랙

아름다운 길은 계곡에 있고
아름다운 사람이 아니라
마음이 건강한 사람이 가는 길

육대주에 그런 길이 널려있어서
수많은 사람이 다니고 있어도
오지라서 언제나 숨이 차다

가는 길이 숲속으로 스며들고
사람도 함 께 따라 젖어들다 보면
고요함이 자꾸만 뒤 돌아 보게 한다

비와 안개로 흠뻑 젖은 천년 거목들과
수천 년 썩고 자라고 썩고 자란 이끼들이
거대한 산과 강을 그렇게 만든다

그들은 나무와 바위틈으로
통로를 허용하면서 자기도 모른 채
부끄러운 속살을 들어내 보이고 있다

뉴질랜드 남 섬 피오르드래드 국립공원엔
바다 같이 넓은 호수 태아나우에서
호수 같은 바다 밀포드사운드까지엔
밀포드트랙*이 그 자리에 그렇게 있다.

*지구에서 가장 아름다운 길.

백두산

백두산을 한번쯤 찾아가보자
늘 상 천지는 보여주면서도
산 전경은 볼 수가 없으니 답답하다

백두산은 지금 가슴이 부글부글 끓고 있고
언제 다시 온 가슴을 터트릴 줄을
칠천만 겨레는 아무도 모르고 있다

천 년 전에 그렇게 혼을 내주었어도
아직도 정신을 차리지 못하고 있어서
만주벌을 잃고 휴전선 이북까지
포기한걸 보면 한숨이 절로 난다

백두산은 우리민족의 중심에서서
남과 북을 굽어보면서 한시라도
한반도와 만주벌을 빨리 통일하라고
오늘도 불호령을 내리고 있다

백두산은 국경의 변두리 아닌 중심이어야 하는데
북쪽은 백두산 남쪽은 한라산이라면서도
휴전선 아래 남쪽만 그려놔 놓고 있는걸 보면
이럴 때는 지도에도 사라져서 없을 때가 있다

바로 이것은 백두산을 민족이 버린 것이며
성산에 대한 예의도 아니고 홀대를 하는걸 보면
도대체 한민족의 국경은 휴전선으로 굳어질 건가

반만년을 우리겨레와 함께 했었기에
한반도와 만주벌을 다시 통일해야 한다는
혼쭐난 꾸지람을 들어야 정신을 차릴까보다.

사월입니다

처마에서 떨어지는 빗방울들이
옥구슬처럼 고운소리를
들려주는 이 아름다움은
오늘 당신이 내게 주는 사랑이지요

그래서 이 비는 기름처럼
마른 땅을 촉촉이 적셔주어
심령에 부어주는 영혼의 샘물입니다

매끈한 나무는 내의를 입었는데
이제 막 맺기 시작한 꽃 몽우리에는
다시 단비가 송알송알 내립니다

비가 그치고 나면 새로 오는 햇살은
당신의 체온처럼 항상 알 수 있듯이
언제까지나 늘 따스했었답니다

이제는 저녁노을로 당신을 생각하며
언제까지나 처량하게 한숨 짓지 않는
그런 사월이면 참으로 좋겠습니다.

상원사

오대산 근곡의 산사에서
삼월에도 하얀 이불 펴놓고
삼라만상을 잠재우고 있는 곳

천년을 넘기며 살아온 세월에
많은 대사 배출해서 이름 얻었고
불가 중생을 전국에 심었다

수 없이 찾아오는 중생들이
오늘도 수양대군 전설 앞에서
옷깃을 여미며 마음 다듬는데

사계절 발걸음 이어지는 상원사에
오가는 불자 다 재울 수 있을 듯
삼월에도 하얀 이불 깔고 보시하는
오대산 제일의 대사찰 상원사.

새 멋

봄날 새 멋에 오시면 노닥거리다가
웃음꽃 듬뿍 담아가는 만덕 여인들

열 번을 오시나 열두 번을 오시나
멋을 아는 탄성은 불태령을 넘고
줄지어 구포다리를 건넌다

오고가는 시절이 들릴 때마다
새 멋에 흠뻑 들어앉은 여인들의
눈에서 흘러내리는 S라인들

살랑살랑 휘두르는 연분홍 치마가
야들야들 아래로 흘러내리면
양 입술 사르르 귀에 걸고서

만덕 멋쟁이들 가슴을 한판한판
휘저어놓으려고 새 멋에 모이는
우아한 신 만덕의 여인들.

섬

노인들은 어렸을 적에 거룻배를 타고
바람과 물때를 가늠하며 뭍을 오갔고
힘이 부칠 때쯤 통통거리는 기계배가 나와서
노를 젓지 않아도 뭍에 갈 수 있었다

선거 공약으로 놓겠다던 다리공사가 시작되어
공사가 멈추다가 선거 때가 되면 시작되는 십여 년
드디어 다리가 완공되어서
명절 때 서울에서 아들딸들이
자가용을 몰고 왔다

이제는 차들이 붐벼대고
땅을 사겠다는 사람들이 몰려와서
섬은 이제 산사람들이 죽을 자리만 놔두고
외지인의 땅이 되어서
오롯이 남아있는 섬의 옛 모습은
노인들의 주름살뿐이다

다니는 사람들을 만나서
섬 사정을 나누다보면
이제 오늘날의 이 현상은
다리 달린 섬 이야기뿐이다.

아버지의 밥상

아침 밥상을 차려놓고 있으면
어릴 적 아버지의 얼굴이 떠오르는데
아랫목에서 진지를 드시는 아버지는
밥 드실 때마다 수염이 춤을 추는데
철부지였던 나는 밥상 맞은편에서
밥 먹을 때마다 웃음이 터졌다

마흔한 살에 작은아들을 낳으신 아버지는
엄청 마음이 든든 하셨을 것이지만
그러나 식사시간만큼은 엄격하셔서
반찬투정 잊어버리고 자랐다

아버지는 여름에도 쌀밥을 드셨고
식구들은 아버지 밥을 담고 난 뒤
쌀밥을 보리밥과 섞어서 오돌토돌 먹었다

밥상에는 자주 갈치토막이 올라오는데
아버지 때문에 쳐다 보도 못 하다가
절반쯤 밥을 먹고 있을 때에야 내게
갈치토막을 동강내어 내미신다

그러면서 하시는 말씀은 항상
맛있는 음식은 나중에 먹어야 하고
맛없는 음식은 먼저 먹어야 된다고 하신다

그런 교육을 형님도 받으셨고 동생도 받았지만
지금 생각해보면 아버지에 대한 그리움을
철저하게 각인시켜 주신 참 교육이었다.

웃는 얼굴

당신의 웃는 얼굴을 들여다보면
눈길이 가늘어질 때 아름다워지고
입술이 열리면 세상이 넓어지는
그런 웃음을 당신은 품고 산다

눈과 코에서 입으로 어우러져
많은 선으로 연결 지은 웃음들은
거기에 소 우주가 열리는 것이다

웃음을 과학의 해법으로 알고 있지 아니해도
전신에 미치는 긍정적인 효과는
얼마나 두터운지를 무엇으로 말하랴

한 생을 살아가는 삶에서
소금처럼 몸속에 녹아있지만
영롱한 오로노의 빛처럼 당신의 웃음은
행복을 터트리는 방법을 안다

지난날 짝지를 좋아하던 수줍음에
굴러가는 종이를 보고도 배꼽을 잡고
하얀 이를 활짝 내놓고 눈을 감던 웃음들

그것이 당신과 함께 살아가게 하는
억만 불의 아름드리 행복이다.

이두화

영취산 자락에
계절이 내리면

봄 여름 가을 겨울에도 꽃피는 이두장

손 내밀면 잡힐 것 같은 산사에서
보내는 풍경 소리 먹고 사는 이두화

나를세라
손 탈세라
지나가는 개미도 넘어다보는
소꿉대문 열고 닫는데

오고가다 보는 것은 허락해도
만지면 어쩐대요
고개 들어 환히 웃고 있는

이두화.

주왕산 가는 날

신 만덕 새마을금고 앞
오륙도 관광버스가
아침부터 비를 맞고 서있다

덕 많은 동네에서 저리도
무었을 기다려야 하는지
비 맞은 뒤에야 알아차렸다

진달래 살구꽃으로 온통 울긋불긋
만이회* 회원들이 피어오르는데
관광버스가 한 송이 한 송이씩
입으로 계속 삼키고 있다

차안을 들여다보니 꽃들을
가득 메워 자리마다 꼽았는데
주왕산 뭉게 바위틈에 사람꽃 심으로
만이회가 아침부터 비 맞으며 간다.

*70여명의 모임

키스는

사랑으로 하는 키스는 어느 행위를 하던지
찰싹 붙은 엇 방향의 뼈 없는 공격은
현란한 교통으로 엄청난 황홀감을 느끼게 하는데

무의식적인 화학적 반응은 후각으로 전해지는
무아지경의 절정 속에서 상대의 입속에
모든 진단을 청진기로 수집을 한 후다

자기와 다른 M H C* 의 유전자를 가진 이성을
매력으로 느끼는 까닭은 2세를 위한 유전적 면역력을
찾기 위해 "러브 호르몬"을 주워 담는 것이어서 그렇다

눈 감고 심장이 요동을 칠 때 가슴에서
폭죽소리가 귓전을 맴돌고 장밋빛 입술이
가까이 밀려오는 찰라 숨과 세상이 함께 멈추어 버리는
짧고도 긴 둘만의 우주가 거기에 있는 것이다.

*유전자의 주 조직적 합성복합체

제 4 부

밸런타인데이

오월의 여인

오월의 바람은 여인을 붙잡고
그 여인은 오늘도 나를 불러내는데

그리움을 토해내는 그 마음으로
나만을 사랑해 주는 정겨움으로 찾아와
내 가슴을 항상 적시고 있다

자꾸만 설레는 가슴에서는
항상 팔베개를 해주고 싶어서
고마움으로 번진 마음은 언제나
당신의 모습 보듬어 들인다

푸르름을 알고 있음은
오늘도 오월의 여인이 되어
내게로 안겨오는 황홀한 여인이여.

밸런타인데이

어제 밤 초콜릿을 주고 간
마음이 선 한 그 여인은
가벼운 걸음으로 잘 들어갔는지

밤을 지새온 지금도 자꾸만
앞가슴이 설레어 오는데
그 가슴은 어이 하고 있을까

억 만금 보다도 더 뒤 흔드는 것은
작은 봉지하나 초콜릿의 감미로움처럼
그녀가 가슴에 풍기고 간 마음의 정

닳을세라 흘릴세라 애지중지 하는데
머리 긴 그녀의 가는 뒷모습 보고나니
아니 생각날 수 없는 설레는 가슴.

비빔밥

비빔밥은 전주가 제일이다
고래 등 같은 한옥에서
한술한술 떠먹는 그 맛은
삼수갑산까지 소문이 간다

녹두 나물에 고사리 섞이고
깨소금에 육회 미나리 다듬어
고추장으로 범벅을 한다

전국에서 일품 먹을거리로 태어나
모시옷에 부채 들고 서 있어도
입에서는 침이 홍수를 만난다

고추장 사발에서 밥알과 나물들이
맨살로 서로가 비벼 대서
감칠맛 나게 하는 것은
얽이고 설키는 인생살이.

사람의 향기

어리던 시절 기차 안이나 시장 통에서
큰소리치면서 어른들이 주접을 떨면
그저 민망해지던 그때 그 시절

지금은 어느덧 나에게도
지긋한 나이에 철이 드는지
생판 모르는 사람에게도
말을 걸며 주접을 떨어본다

완숙한 인생길로 접어들어서 이제야
사람들의 냄새를 맡기 시작하는가 보는데
사람은 사랑에서 나오고 사랑은
사람에서 온다는 기분 좋은 말이 생각난다

그래서 인생은 늘 자기 향을
뿜어낼 줄 알아야 항상
즐겁게 살 수 있는 존재다.

세계부산꽃불축제

하늘을 봐라
태양이 폭발한 꽃불을
둥근달이 터트려서 하트를 만들고
별들마저 밤하늘을 탈출해 내린다

빗줄기도 소용없는 저 풍광에
눈들도 폭발을 해 대니 어쩌랴
그 통에 내 가슴도 터지고 있고
앞의 여인까지도 등짝이 터지는데

불꽃이 이런 줄 예전에 알았지만
꽃불이 이런 줄을 이제야 알고 나니
내 가슴도 터트려 버리고
앞에 있는 여인의 등 가슴까지도
터트려 버린 광안리 꽃불축제의 날

광안리는 다 터트린 사람들로
땅을 메워서 앞이 보이지 않고
허전해진 줄 아는 밤하늘에서
가을을 적시는 밤비가 내린다

봐라 저 비 내리는 나이아가라 폭포를
하늘이 무너져 꽃불을 쏟아 내리고
달과 해와 별이 다 터져버린 하늘에는
내일의 태양은 그 자리에서 어떻게
어제처럼 다시 떠오르려는 지를.

서씨지천徐氏之阡

노령의 큰 산줄기 타고 내려온 여기 치자등
푸른 호수로 앞을 채우고 마을은 입석촌立石村이라
선우도사 와 봤으면 만년유택萬年留宅알겠다

낙정공樂正公 모신지 반 천년反 千年에
주인 없이 기다렸던 그 많은 세월인데
좋은 땅이 주인主人을 찾아 명당明堂이구나

봄 되면 산마다 두견杜鵑새 울어대고
가을이면 송엽松葉으로 뒤란에 융단을 까는데
이승에서 고운마음 알고 벗들이 사방四方에서 모인다

이 유택은 생자들이 선친相玉.東任을 모시니
그 후손들이 다시 또 선친先親을 모시게 되었으므로
생자들이 끈임 없이 효행孝行을 하게 되는 것
그러기에 여기가 서씨지천徐氏之阡* 이구나.

* 利川徐氏의 영원한 땅.

신 만덕아줌마

포근한 힘 실리어
활력이 넘치는
신 만덕 아줌마들

삶이 왕성한 여유는
우유 빛 바위처럼
항상 듬직하다

솔직한 마음에서 언제나
주위의 소망을 그려내려고
흘리는 땀방울은 줄줄이
밝은 미소로 사방을 적신다

목소리 해맑음은
사춘기 소녀들처럼 순수해서
이웃에 늘 따뜻한 정
나누어 주고 있는 멋진
신 만덕 동네 아줌마들.

쇠둘레

멀기만 해서 을씨년스러운 철원의 겨울
눈 덮인 추위와 싸우고 적과 대치하는
군인들이 많은 삼팔선 이북 땅

군 생활에 여자 친구 주말 면회 오면
외박증 끊어 달려 나가던 곳
그래서 더욱 생각나는 철원이다

부산에서 쳐다 보면 구만리나 되고
휴전선이 겨드랑이 밑에 있어서
북쪽땅굴 파놓은걸 지키고 있는 곳

사람들은 그걸 보려고 모여들어도
넓은 철원평야 보려는 생각 못하고
한탄강 철새 온지 깜박 잊는다

주상절리 강줄기 붙들고 가다보면
고석정이 걸어 나오고 송대소가 기웃거리며
칠만암과 직탕폭포가 환하게 웃는다

쇠둘레*의 드레킹 코스가 태어나서
한국의 그랜드 캐니언이 되어 있지만
후삼국을 호령하던 태봉국의 수도였다

한반도 삼팔선의 이북 땅에서
대한민국 휴전선의 이남 땅으로 온
영원할 우리의 철원 땅.

*철원

오빠야

뒤에서 부르는 오빠야가
참으로 여운을 남기는
정겨운 부름이다

고운목소리로 불러주는
오빠야 그 소리가 자꾸만
가슴을 설레게 하는데

비음으로 들리는 그 음성이
오빠야 하고 다시 불러주고 있으면
뜨거운 핏줄이 앞가슴을 타고 흘러내린다

그러다 다시 또 불러주면
뒤 돌아보지 않을 수 없는
나만의 오빠야.

고막원 똑다리

함평 학교면 고막리와 나주 문평면 산호리가
고향이고 어떤 사람들은 떡다리라 하는데
고려원종14년 서기1273년 무안 승달산 법천사의
고막대사가 하룻밤 도술로 만든 다리란다

세월이 700년이 넘쳐흘렀어도
짜 맞춘 솜씨가 손닿는 곳마다 일품인데
어쩌다 허리가 아프다고 수술을 했으나
몇 십 년을 지나 다시 재수술을 했다

첫 수술은 잘난 일제가 와서 했고
2003년에는 우리기술로 하다가
그 기술이 그 기술 품격만 내 던졌다

무자년 가뭄도 견디어 내었고
신축년 물난리에도 당당하던 모습에서
나주와 함평을 연결해주던 고막원 똑다리는
지난날 7백년의 호남의 풍상을 일러주고 있다.

자갈치 시장

항상 푸른 바다가
보이지 않는 것은
사람들이 둑을 만들기 때문인데
단단한 둑이 쳐진 시장은 그래서
생선들이 바다를 볼 수가 없다

형형색색으로 인어人魚떼가
밀물로 몰려들어오면
가판대의 생선을 수의도 없이
염장을 해서 내 보내는데

은비늘 날리며 장지로 떠나보내고 난
염장자의 앞가슴은 부풀어 오르는데
오이소 보이소 사이소 가이소

자갈치 아줌마의 앞가슴에
얼룩져 매달린 두툼한 앞치마가
자꾸만 후끈하게 마음 적신다.

첫비

별들이 숨어버린 새벽
설치던 잠에서 깨어
창문이 열린다

어쩌면 그 사람
몸살 털처럼 간지럽게
내리는 실비

계절은 아직 일러
봄이 아닌데
마음을 설레게 하는
첫비가 내린다

연초록 우산 펴지 말고
신 만덕 육거리에 나와서
우리 하늘을 마시자.

태풍 곤파스

아파트 앞마당을 보고 있는데
태풍이 놀다간 자리가
오늘아침 왠지 어수선 하다

곤파스가 벚나무를 끌어안고
몸부림으로 온 밤을 지새드니
지금은 뒤풀이 하는지
잔비가 보슬보슬 내린다

몸살이 나버린 벚나무지만
그래도 허전함 때문인지
이파리를 흔들거리며
지난밤을 그냥 못 잊어서
자꾸만 아쉬움 남는가 보다

남는 이의 외로움은 이런 것
그래서 어쩔 수 없는 것이라고
그는 갔어도 추억은 남아서
황홀하게 지샌 밤을 알리고 있다

자기를 거처 간 그간의 정 때문에
곤파스를 그리며 서있는 애잔함은
떠나간 사람 가슴에 품은 것처럼
벚나무는 지금 서글픈 마음을
이파리로 흔들고 있다.

품속의 통학열차

내게는 지난날 짙은 그리움이 남아있는데
목포행 통학열차*가 설레는 것은 그때 그려놓은
도화지가 차창에 한장한장 펼쳐지기 때문이다

광주를 떠난 열차는 나주벌판에 가르마를 타는데
가슴에 접혀있던 그림들이 천천히 다가오면
거기에는 동당구름 몇 송이 흘러오다가
제 그늘에 묻힌 나주 벌을 내려다보고 있으면

젊음의 한 철을 푸르게 물들였던 저 평야에
지상에서 다 피우지 못한 5.18의 한들이 있어
나주 벌은 항상 허전함에 잠들지 못하고 있다

지금은 황금빛 가을걷이 한창이어서
꼬부라진 허수아비들까지 들판이 분주한 저녁
지친 경운기가 걸음을 서둘다 뒤돌아보니
서토*를 태우려고 태양은 서산에 불을 지피는데

다시역을 지나 고막원역에 멈추려는 통학열차는
저문 노을을 뒤로 보내는 사이 노을에 물든
그때 그 사람 몸매 같은 예쁜 지난날의 추억들을
주섬주섬 가방에 주워들고 고막원역을 빠져나간다.

*광주와 목포의 학생들 열차 *중국대륙

한국시문학대상

한국시문학대상이 가을과 함께
날아온 소식에 참으로 반가웠다

이제 대상을 받으면 역량을 발휘하여
편하게 읽혀서 모든 이의 가슴에 새기는
아름다운 명시를 세상에 퍼뜨리고 싶다

봄이면 앞마당에 목단꽃이 터지고
밤이면 하늘에서 별이 쏟아져 내리는
그런 서정시를 뽑아내 보고 싶다

수상의 기쁨은 앞으로 시인의 질감보다는
시를 쓰는 즐거움을 많은 분들에게 건넬 수 있고
정성을 쏟을 수 있는 보람이 나를 설레게 한다

시를 쓴다는 것은 마음을 드러내는 것
모든 것을 보여주는 것이어서 더욱 그렇다
심장이 펌프질 하는 날까지 그렇게 시를 쓰리라.

화초집

화훼시장이 소란소란
봄 소리로 가득 찬데
여린 것들이 얼굴을 세상에
내 보인다고 소곤소곤 한다

깜박한 사이 실내 정원에 들린 봄이
여린 초록 잎들과 어울려
한바탕 망울을 터트리려고
시끌벅적하는 소리로 가득하다

흰 눈 속에서도 피는 스노드롭
알뿌리 하나 마당가에 심어놓고선
잊어버리고 말았었는데

보란 듯이 밀어 올리는
노란 꽃 대궁을 보고나니
생명의 소리가 소록소록 들려서
우리 집에도 와버린 새봄의 풍경.

제 5 부

오월에 핀 코스모스

가을에는

가을은 심장이 탄다

가슴에 스며든 그 여인이
불을 지폈기 때문이다

단풍을 재촉하던 산바람이
옆구리를 감고 돌때도
서석거리는 억새밭에서
우리는 연가를 부르고 있다

오늘도 그녀의 눈망울은
호수처럼 일렁거려서
내 마음을 적셔놓고선

어쩌지요 그래도
불붙은 핫바지처럼
그녀가 나를
훨훨 태우는데요.

구포의 밤

봄비 오는 구포의 밤거리 그 사람 손잡으면
몸도 마음도 구포다리 함께 걷고 있다

한 방울도 맞지 않는다던 다짐은 시간이 흐르면
바지자락 젖어오고 마음까지 따라 젖는다

잡았던 손 내려놓으면 어깨에 걸린 손에
힘 실리고 발자국 깊게깊게 남기고 가는데

그 사람이 이슬비로 조여져 오는 숨소리
들킨 지 오래여도 발걸음이 자꾸만 가볍다

사방으로 뻗어가는 구포는 오가는 차량의 불빛이
네온불빛과 어우러져 뿜어내는 환상의 봄 꽃불들

밤 마실 온 마음이 강물에 불 그림자를 그리면
무지개로 펼쳐지는 환상의 구포의 밤 풍경.

도장골 마을

도장골*에는 앞에 채굴이 있고
투구봉이 온종일 내려다보며
항상 뒤에서 철마봉이 기다리고
칼등은 오른손아래에 놓여있는 곳

그러니까 아무래도 언젠가는
도장골에 무관장수가 태어날 성지여서
투구 쓰고 철마를 타고 칼을 잡으면
대도리를 달리는 도장장수가 태어날 마을

오른편에 무학이 놀러와 있고
왼편에 백룡이 드러누운걸 보면
지금은 문평*성대를 맞고 있나 보다

앞마을에는 文山 詩人이 나타나
"바시리 연가"를 부르며 즐거워하는데
어느 세월에 무관장수가 태어나서
도장골을 온 누리에 빛내려는지

밤낮으로 도장골을 내려다보는 투구
억년을 기다리며 버티고 있는 철마와
손에 잡히는 칼과 채까지 갖추고 있으니
무관장수의 탄생을 보려면 병택아 장택아
마을 사람들과 손잡고 큰 도장이라도 찍어라.

*마을이름
*고장이름

민서의 말

민서야 서민서 할아버지다
으응 므 마바 우드 할바 아빠 나두*
미국말인지 한국말인지 알 수가 없다

미국아이오와에서 태어 난지 18개월
말문이 일찍 터진 아이라면 제법 잘 할 탠데
아직은 서투른 걸 보니 저도 생각이 있나보다

어리다 보니 부모 따라 한국어를 배우고
미국에서 출생했으니 그곳 말도 해야 하니
어린것이 2개 국어가 힘드는가 보다

그러는 민서가 어쩌면 안쓰럽고
손녀지만 조금은 부럽기도 하여지는데
어린 것이 날로날로 귀여워 짐을 알겠다

모습은 볼 수 없어서 사진으로만 본 아이
어찌 보면 지네 엄마를 닮은 것 같고
다시 보면 제 아빠를 닮은 얼굴이다

세상이 편리해져 만리도 더 먼 곳에서
메일로 얼굴을 볼 수 있어서 편리한건데
그래도 안아 볼 수 없음이 가슴 텅텅 비운다.

*2011년 10월 21일 am8시 30분.

변산 마실길

변산 바다는 언제나
짠짠해서 간 냄새로 가득하다

해안 길은 쪼글쪼글한 할머니 뱃살이고
나이든 아버지의 이맛살이며
갯벌은 주름으로 덧칠을 해서
석탄팥죽처럼 질퍽거린다

바다는 아득하고 축축하며
노을은 먹먹해서 밤 짐승처럼
그래서 밤에만 운다

노을을 치마폭에 싸안고 소리 죽이는 변산
바위에 지악스럽게 달라붙은 따개비들도
이때는 손을 놓고 떼지어 울어댄다

변산은 바다를 안고 있어서
파도가 머리를 부비며 달려 오며는
항상 가슴으로 쓰다듬어 준다

들판의 곡식들은 파도 소리로 자라며
그 흐르는 느낌을 들으면서
익기위해 밤낮으로 눕지 않는다

채석강 책 읽는 소리를 듣고
깨우치며 배우는 변산반도는
우주의 해양대학이다.

빈 꽃병

거실에
속 비어 있는 꽃병

어느 날 눈 동그랗게 뜨고
묻지도 않는데도
지난 이야기 들려준다

진달래
장미
국화
동백을 계절 따라 보듬고 살았는데

그러나 웃었다고
꽃보다 더 좋은 건
사랑과 정이라는 것을
모르는 사람들을
보고난 빈 꽃병이.

성묘길

형님과 동생 나하고 셋이서
부모님께 성묘하러간다

외갓집 갈 때는 따뜻한 엄마 손잡고
아버지 소 팔러 가실 때는
고삐잡고 졸랑졸랑 따라가던 길

형제간에 의좋으면
호랑이도 침범 못한다 하시던
아버지의 말씀 귀에 새기며

그 말씀 지키기 위해
우리들 삼형제는 시골길 걸으며
부모님께 성묘 하러간다

함박웃음 웃으시던 그때의 모습
눈시울에 그리지만 지금은 뵐 수 없어
고향의 아버님 어머님 산소에 간다.

슬픈 건

보이고 안 보이는 것들은 마음이 알아서 하지만
멀리 가버려서 보이지 않는 나의 것들

사라진 것이 그냥 나만의 것이냐고 물으면
얼른 대답을 못하고 망설이고 있겠지만
있고 없음은 모두가 본시 자기 것이 아닌 것

시원한 정자에 앉아 앞을 바라본다
지나가는 한줄기 바람결이 벌판을 달린다
쉬었다 가라고 막아보고 싶지만 그럴 수가 없다

태어나고 살아가다 부닥치는 인연들
수명이 다 하면 가고 스러지는 것
그런 아픔은 누구나 한번쯤 다 있는 법인데

이제는 챙길 것 챙기고 버릴 것 버리지만
지금도 한없이 울고 싶어지는 것은
그 사람을 보낼 때의 그 슬픔이었다.

영월은

아무나 너그럽게 맞아들이지 않는 첩첩산중
강원도 영월은 산새가 묘해서 길이 구부정하다

눈이라도 올라치면 날이 흐려져
내린 눈이 세상을 덮어버리면
오는 분도 고달프고 주인도 그렇다

그래서 영월은 아무 때나 가지 말고
오면 민망해 지는 산중이라서 자연을 영원히
보전하여 후세에 넘겨주어야 할 땅이다

봄이면 산천어가 인사를 다니고
맑은 물은 자연정수기가 걸러놨는데
푸르고 맑아서 뱃속에 들어붓고 싶다

둘러쳐진 산줄기를 타고 부는 가을바람은
살랑살랑 속삭임은 아무데서나 들을 수 없는
자연경관의 영월 산속에서만 느끼는 상쾌함이다.

오월에 핀 코스모스

부산시립 박물관에서
용소삼거리 가는 길
은행나무 가로수 밑에
혼자 나와서 쪼그리고 앉아
웃고 있는 자주색 코스모스

어인일로 구시월도 아닌데
푸른 오월에 붉게 피어서
나를 벌써 반기고 있나

너를 보는 내 마음은 너무나 사랑스러워
볼을 만져주고 싶어 해도 행여
손 탈세라 애지중지 해진다

지난날 처갓집 갈 때면
제일먼저 달려 나와서
오는 형부 반갑게 맞아 주던
어리던 길숙이 처제 같다.

원산지

사람에게도
표시하지 말라는 본적지를
숨이 멎은 소에게
원산지 표시를 한다

과잉보호가 대버린
축산농가 때문에
주인 찾는 송아지 울음소리로
애처러워진 농촌

먹을거리 칠 할을
해외에서 의존하는 현실을
기억하는 사람들은
지혜로 사과나무를 심고
목마르면 우물을 파는데

지금사람들은 왜 그런지
소 지방을 쓰고 있다.

옷장

가득 찬 옷장을 들여다보다가
가을에 입을 줄무늬 와이셔츠를 찾는데
어디로 숨었는지 보이지를 않는다

여간해서는 입었던 옷을
함부로 버리지 않았는데
그러다 보니 나의 추억과
시대의 아카이브다

젊은 시절 동네바닥을
휩쓸던 통 넓은 바지에다
한 것 싱싱한 몸매를 보여주던 T셔츠
태산처럼 구릉을 이루며 살았던 지난날
그 옷들이 가만가만히 말을 걸어온다

비록 일 년에 한번쯤 당신 손에
간택될까 말까한 슬픈 운명이라고

옷장정리는 결국에는 옷의 재배치인데
어지간하면 정장을 고수하였기에
지금은 세월이 흘러 옷으로
긴장감을 덜어 내려는 데도
지나치게 심취 해 진다

긴장 없는 삶이란 나태해 지는 것
나태한 옷차림은 어느새 몸도 따라가는 것
옷이 날개란 분명한 명제는 행여나
만사가 귀찬 해진 옷차림이라면 누군가
내손을 잡고 말려 줬으면 좋겠다.

첫눈이 오는 날

서울 가는 차창 밖에
내린 눈이 하얗게 쌓였다

무었을 가리고 싶어서
밤새도록 저리 하얀 이불
덮어쓰고 있을까

달리는 차창 안 일행들은
밖을 보면서 서울행사일로
소곤소곤 귀를 간질이고 있다

눈싸움 하던 어린 시절
눈웃음으로 달려오던 그녀에게
첫눈으로 적셔주던 그날의 모습

그날
눈 오던 그날
하얗게 쌓여지던

너와 나의 추억의 보따리
밤새 저리 덮어놓았을까

그날의 추억을 꺼내보고 싶어도
옆에 있는 그녀 때문에
창밖을 보고만 있어요.

양산 통도사

영축총림 통도사는 영남의 3대 사찰
영축산 정기 내려오는 곳이어서
정월인데도 추적추적 비가 내린다

한해를 보내고 나니 새 단장 하려고
기와지붕부터 씻어 내리고 있는데
영산홍 꽃망울은 얼굴이 붉어지고
매화도 눈곱을 닥아 낸다고 신이 났다

명지明地에 자리 잡은 산사가
말없이 우리를 안내해 주는데
사리탑을 오른쪽으로 돌게 하고선
다시 보궁을 찾아 나서게 한다

끊임 없는 빗줄기는 인고의 세월
억만 장생이 얼마나 다녀가면서
깨달음을 품고서 발걸음 옮기였는데
극락장생 비가와도 또 빌고 간다

산사의 휴게실에서 단팥죽을 들여다보면
낙수가 찾아와 음악과 차와 시가 어울려진 곳
여친과 함께 온 통도사를 보고 가는데

내일도 모레도 다시 찾고 싶은 안식처라서
목어소리만 딩동딩동 불전을 외우고
빗물로 달빛으로 바람으로도 씻은
저 보궁을 둘이서 뒤 돌아보며 걷는다.

철마 쇠고기

쇠고기를 철마에서
눈으로 보는데도
현란하게 눈이 회동그래져
입에서는 진즉 진 맛을
꿀꺽 삼키고 있다

안 거미
꽃 살
갈비 살
등심을 숯불 위에 올려놓으면
흰 마블링이 살과 살 사이로
육즙이 터져 허물어질 때

입속 혀 위에 포획한 그물망에
올려놓으면 살살살
녹아내리는 철마 쇠고기.

편지

눈에 띠지 않는걸 보니 삐졌나 보다
길목에서 빨간 옷 입고 손 내밀던 우체통

인터넷이 동네에서 활개를 치고
이메일과 문자 메시지가 앞질러
쏘다니니 그럴 줄 알았다

예쁜 편지지를 골라서
깨알 같은 손 글씨로 절절이 적어
우표에게 당부하던 시절을 앗아간 시대

대문에 제비집처럼 달라붙은 우편함은
때 묻은 고지서와 간행물들이
저 들의 세상이 되어버려서
편지가 끼어들 틈새가 없다

예전처럼 우편함에서 설렘을 주던 편지들이
지금도 봄꽃처럼 활짝 웃고 피었으면.

시집해설

자연친화적 회억과 그리움의 서정

시에 나타난 현대화된 문어들

문산 서 주 열

저자는 시와 수필의 두 장르에서 각각 활동하는 시인과 수필가이다. 지난해에 간행한 첫 시집 「바시리 연가」 이후 금년에 제2시집 「메시지를」 간행하게 되었다.

제2시집이라서 신중한 마음은 더 노력하려고 하는데도 여간 힘이 든다. 그래서 시 작품의 중요성을 찾아보니 좋은 시는 시어의 배열에 있겠지만 생명력을 유지하려면 새로운 시어를 장만하고 찾아내는 것이라 하겠다.

즉 편지를 다른 말로 「보내는 글」이라고 한다면 어떨까? 아마도 처음으로 대하다 보면 낯 설기도 하겠지만 일상으로 관습화 된다면 신선하게 보일지도 모를 일이기 때문이다.

여태까지 당신에게 보내려던
보석 같은 가지가지의 메시지를 모았다가
이제야 휴대폰을 열고 그 메시지들을
지금 꺼내보고 있어요

당신에게 발송하지 못해
쌓여진 그 많은 분량을 헤집어 보면서
지금도 항상 잊지 못하는 것은

아무리 생각해도 끓는 가슴속에 마음이
가라앉지 못하기 때문입니다

당신이 내 가슴에 박혀서
아직도 살아있음은 설레기만 한데
그래도 어느 날 당신에게
보내야 하는 이 메시지들

행여 당신의 그 휴대폰번호가
어쩌다가 지워질까 두려워서
오늘도 그 때문에 하루하루 애가탑니다.

「메시지」 전문

위의 시작품은 현대화 되가는 시어들 속에 젊은 층 속에서 주로 사용되고 있는 것들을 모아서 시집을 간행하게 되었다. 메시지를 받을 때는 항상 황홀함이 앞을 서고 보낼 때는 조심성으로 어눌한 생각이 든다. 앞으로 저자는 더욱 더 좋은 시 쓰기에 매진하여 열정을 담아낼 것이다.

2012년 9월 부산 문산정에서

저자. 한국 현대시창작연구원장

자연친화적 회억과 그리움의 서정

문산 서 주 열

"젊어서는 시를 쓰지 말라"는 말을 '말태'는 수기에서 밝혔다. 즉 그것은 오랫동안 깊은 의미와 감미로움을 담아 모아야 한다는 것이다. 그러나 시를 쓰는 것은 꼭 그렇지는 않다고 본다. 세상에는 성년이 되기도 전에 많은 사람들이 시를 써왔고 지금도 쓰고 있기 때문이다. 그러면 시는 어떻게 써야하는가? 하는 문제에 도달할 수 있다. 언젠가 강원도 오대산에 단풍놀이를 갔었다. 온 산이 노랑 빨강 자주색 구름덩어리를 만들어 산천이 훨훨 타고 있을 때 계곡의 한 골짝에서는 가을비에 불어난 폭포의 물줄기가 엄청난 힘으로 포물선을 그리고 있었다.

참으로 통쾌하리만치 시원스런 장면이었다. 시인이 되기 전이라면 그저 한낱 폭포에 지나지 않았겠지만 시인이 되고 나서는 달랐다. 그것은 폭포가 아니라 오대산이 쥐어짜

서 내리는 물줄기는 한 여인의 치마폭 속에서 쏟아내는 소변줄기처럼 보였다. 그렇다. 바로그것이다. 사물을 사물로 보지 말고 상상력을 동원하여 진정성을 가지고 시를 쓸 때 그것이 넓은 의미와 깊은 감수성을 갖는 것이다. 그래서 시집『메시지를』에서처럼 "내 인내가 봄비 한 자락에 허물어져 파계승이 되어 매화송이 조롱조롱 피워 냅니다."라고 계시적으로 말을 하고 있다.

1. 자연을 노래한 서정

하루의 개념을 우리가 보편적으로 생각할 때 아침과 낮 그리고 저녁과 밤으로 구분한다. 그것은 불변의 원칙이다. 그렇다면 한 해의 개념을 짚어본다면 어떠한가? 그 또한 봄여름 가을 겨울의 순환적 구조로 끈임 없이 반복된다. 봄이 오고가고 여름이 오고가고 가을이 다시 오고가고 겨울이 그렇고 봄이 다시 오는 것이 변화의 과정이 주기적이다 보니 이 역시 시간의 불변성이다.

만덕의 봄은 항상
만덕사 입구 양지바른 곳
돌 틈 사이에서부터 고개 내민다

계단을 오르는 아지랑이 들이

돌 틈 사이의 민들레 꽃잎을 불러 모으고
언덕배기 제비꽃들도 노랑나비에 손짓해대면

백양산 두견화 터지는 소리에
상계봉 뻐꾸기소리 함께 실어 내려서
만덕의 심장 삼성아파트를 봄기운으로 덥는다

샘터 앞의 오거리는 봄바람 밀어 올리니
널려진 은행나무들이 눈곱을 뜯어내어
아롱다롱 찾아온 봄이 재롱을 부리는데

이곳의 봄은 아장아장 그렇게 오니
들은 정이 깊은 만덕여인들의 가슴에
흠뻑 들어찬 봄내음은 항상
환하게 웃고 오는 만덕의 새 봄.

「만덕의 봄」 전문

아파트 앞마당을 보고 있는데
태풍이 놀다간 자리가
오늘아침 왠지 어수선하다

곤파스가 벚나무를 끌어안고
몸부림으로 온 밤을 지새드니

지금은 뒤풀이 하는지
잔비가 보슬보슬 내린다

몸살이 나버린 벚나무지만
그래도 허전한 마음 때문인지
이파리를 흔들거리며

지난밤을 그냥 못 잊어서
자꾸만 아쉬움 남는가 보다

남는 이의 외로움은 이런 것
그래서 어쩔 수 없는 것이라고
그는 갔어도 추억은 남아서
황홀하게 지샌 밤을 알리고 있다

자기를 거처 간 그간의 정 때문에
곤파스를 그리며 서있는 애잔함은
떠나간 사람 가슴에 품은 것처럼
벚나무는 지금 서글픈 마음을
이파리로 흔들고 있다.

「태풍 곤파스」 전문

작자의 자연관은 항상 자기중심적이다. 작자가 살았던

곳이나 지금도 살고 있는 곳에 자주 머물러 있는 것이다. 그래서 한 해로 시작하는 봄도 작자의 본가가 있는 부산의 만덕을 선택한 것이다. 그러함으로 봄은 저 먼 곳인 남촌이나 제주도가 아니라 만덕사 입구 양지바른 곳에서부터 고개 내밀고 온다 했다.

시간의 변화는 필연적이다. 매화나무가지에서 눈곱을 털어내고 꽃망울을 터트리면 벌 나비들만 찾아오는 것이 아니라 개나리 진달래 민들레들도 줄줄이 찾아오다가 마침내는 철쭉꽃까지 도착한다. 계절은 이미 여름으로 달려가고 있는 것 그렇다고 여름이라고 머물 수 있으랴 적도에서는 벌써 시절을 알아차리고 태풍으로 달려와 난장판을 치다가 물러갔는데 작가는 그 태풍마저도 연민을 느껴 시로 옮긴다. 그것도 아파트앞마당에서 일어난 사연들을 사랑의 흔적으로 미화시키는 법을 알고 있는 것이다.

단풍으로 치장한 가을이
선운사를 감싸고돌면
그 시작은 아무래도
도솔암에서 부터 시작했다

산천을 흐르는 저 찬란함은
천지를 주홍으로 물들여서
한 폭의 그림을 그려내는데

길 따라 도솔천 따라
흘러내리는 저 황홀한 풍광으로
온 산천에 불을 붙이고 있다

꽃송이로 휘날리는 단풍이
십리 길을 이어놓은 장관은
산사를 그림 속에 가두는데

선운사에 오신 보살들까지
붉은 물결로 꽃을 피우는 것은
모두가 다 부처님 세상이다.

「선운사의 가을」 전문

가을은 언제나
밤마다 스륵스륵
푸른 잎을 물들여서

나뭇잎에 수를 놓아
바람으로 춤을 추면은
가을이 자꾸만 두 눈에서
출렁거립니다

사람들은 가는 세월을
왜 보고만 있을까요
쉬었다 갈 줄 모르는
그 세월을 세상은 알고 있는데

널려진 낙엽은 해마다
낙엽이 품고 가는데
그 낙엽 따라 가는 세월은
누가 사랑해 줄까요.

「단풍을 보며」 전문

태풍이 머물다 간 자리에도 계절이 바뀌면 산야에 단풍든 가을을 맞는다. "꽃송이로 피어나는 단풍이/십리 길을 이어놓은 장관은/산사를 그림 속에 가두는데/"온 산천이 단풍으로 피워서 산사를 그림 속에 가둔다. 했다. 참으로 보기 좋은 경관을 발견한 것이다. 우리가 계절을 찾는 것은 삶을 위한 것 그것은 시인이든 아니든 다 마찬가지다. 작자는 "낙엽은 해마다 바람이 품고 가는데/ 그 낙엽 따라 가는 세월은/ 누가 사랑해 줄까요?" 라고 한다. 계절도 청춘도 데리고 가버리는 무정한 세월은 과연 누가 사랑할까만은, 겨울이 가고 봄이 오면 다시 사랑을 한다. 그것이 생물들의 자연의 법칙인 까닭이다.

2. 순수한 연가

사람은 자연의 섭리를 통해 정신적 가치를 추구하고 연민을 노래한다. 사실인즉 인간이란 먹고만 살아가는 것이 아니라 즐거울 때 감흥을 노래하다가도 무언가 빈자리가 외로워지면 연가를 부른다. 그 연가 또한 우리가 살아가는데 없어서는 아니 될 필수적인 것이다.

내가 가고 싶은 곳은
멀리 수평선이 보이는 바다
당신은 어떻게 보면 언제나
나에게 그런 사람입니다

항상 그렇게 가고 싶은 건
그냥 한 번 해본소리가 아니니
오지 못할 거라고 아예 하지 마시오
한 발짝 한 발짝 지금부터 이미
당신을 향해 움직이고 있어요

내가 가는 그 길에 설마
당신이 돌아선다 해도 절대로
내 마음은 변하지 않을 거예요

돌아서면 돌아서는 대로

멀어지면 멀어지는 대로
한 걸음 한 걸음 나는 무작정
당신 품을 향해 걷고 있으니
내 가슴 닿을 때까지 기다려 주세요.

「바다처럼」 전문

인간과 인간이 한 호흡을 같이 할 때 거기서 근원적인 생명력이 표출되어 애정이라는 하나의 생명력이 탄생되는 것이다. 사랑은 받는 것이 아니라 주는 것 그래서 작가는 사랑하는 사람을 모든 것을 다 포용하는 바다에 비유하였다. "당신 품을 향해 걷고 있으니 내 가슴 닿을 때까지 기다려 주세요?" 시간도 없다. 날짜도 없다. 그저 가보고 싶으니 그냥 기다려 달라는 것이다. 참으로 부담 없는 사랑이다.

당신이 보고 싶어요
오늘도 그리 불러봅니다

기다리고 있으면 외로워지고
보고 싶으면 눈물만 흐르는데
그 눈물로 씻은 당신의 모습이
참으로 아름답습니다

이럴 때는 어찌해야 합니까
기다리고 있을까요

생각하면 가슴이 타들어가도
언제 올 줄 모르는 당신이기에
마냥 기다릴 수만 있을런지요

그러다 당신이름 잊혀 질까봐
그것이 겁이 납니다.

「기다리는 마음」 전문

인간은 기다림도 미덕이라 했다. 시간도 기다리고 계절도 기다린다. 그런데 하물며 사랑하는 사람을 기다리는 것은 당연한 이치인 것이다. 과일도 농숙하게 익을 때 따야 하듯이 사랑도 기다리다 애가 탈 때 더 진한 사랑을 하게 된다. "당신이 보고 싶어요/ 오늘도 그리 불러봅니다." 사랑하면 그리워지고 그리워지면 찾아 나서는 것이다. 그런데 작가는 얼마나 그리워했으면 눈물을 흘리다가 눈앞에 나타난 그 사람을 눈물로 씻어서 보는 것처럼 아름답다 했다. 그리고 다시 "그러다 당신이름 잊혀질까봐 /그것이 겁이 납니다."라고 했다. 참으로 진한 사랑이라 하겠다. 작가의 가슴에서 울어나는 진지한 애정을 알리는 대목이다.

늘 보아도 신선한 모습으로
언제나 웃어주고 싶은
그런 사람이 있습니다

가슴에서 뿜어져 나오는
뜨거운 마음으로 그대 손을
잡아주고 싶은 그런 사람
나에게 있습니다

날마다 수도 없이
문자 메시지 보내면서
내일 만나자고 정해놓고서
그 단새 참지 못하고 우리
다시 만나자고 하는 사람 있습니다

시도 때도 없이
너 없으면 못살겠다
말해주고 싶은 사람 있어도
그래도 가슴에 쌓인 마음을
다 펴내지 못하는 그런 사람 있습니다

「그런 사람」 전문

사랑이란 오묘한 섭리와 생명력을 보여주고 있다. 작가는 연시에서도 항상 이해하고 감싸주고 싶은 그런 사람이 있다고 한다. 참으로 행복하다. 세상에 사랑해주고 싶은 사람이 있다는 것이 얼마나 가슴 뭉클거리는지 모를 일이다. 하기야 사랑이란 끝장이 나버려야 그만인데 그것이 어디까지 일까가 문제다. 어떤 사람은 물로 말하면 옹달샘 같은 사랑도 있고 어떤 사랑은 호수 같은 사랑도 있고 바다와 같은 사랑 그리고 늘어진 강줄기처럼 질기고 질겨서 고래 심줄 같은 사랑도 있다. 그래서 작가는 "가슴에 쌓인 마음을 다 퍼내어 주지 못하는 그런 사람 있습니다." 라고 했다. 퍼낸다고 다 퍼내는 것도 아닌데 옹달샘처럼 솟아오른다는 말일 것이다. 이것역시 상상력으로 풀어내는 튼실한 시적 자양분이 된다.

3. 생활의 멋

세상의 동물들은 모두가 수컷이 아름답고 화려하다. 그것은 무엇을 의미하는가? 아마도 종족을 번성시키는 주역을 암컷에게 역으로 맡기는 것이다. 가장 멋있고 건장한 수컷의 유전자를 얻는 것을 암컷에게 선택권을 주기 위함이라 할 수 있다. 그러나 우리 인간에게는 남성보다 여성이 더욱 아름답다. 왜 인간에서는 이런 현상이 벌어지는 것일까? 그것은 인간의 암컷인 여성은 단지 의상과 화장으로 아름다움을 치장했기 때문이다. 인간을 전 나로 본다면 아마도 남성이 여성보다 우위에 있기 때문이다.

세상에는 노래가 없었다면
가수들은 어찌되어 있으며
이미자는 무얼 하고 있을까

봄이면 논밭에서 꽃과 나비를
여름에는 동서남쪽 바다를 노래하고
가을이면 설악산과 내장산의 단풍을

겨울에는 설국의 설화를 노래 할 탠데
그러다 중간중간 –동백아가씨를 부르고
언제나 인상적인 –홍콩의 왼손잡이 사나이
훈풍이 부는 날이면 여수의 –동백꽃 피는 항구
가슴이 뭉클해지면 –벽오동 심은 뜻을 불렀다

우아한 한복을 두르고 오십년을 그렇게
노래를 불러댔던 엘레지의 여왕

–기러기 아빠/ 눈물이 진주라면/ 섬마을 선생님을 부르고
–열아홉 순정을 꺼내어도 지칠 줄 모르는 지난 세월들
그래서 온 국민은 이미자의 노래를 사랑하였고
당신은 눈물과 즐거움을 우리에게 주었다

헤일 수 없이 수많은 날마다
온 천지에 심어놓은 동백아가씨들이
너도나도 일어나 추대한 이미자는
지금의 대한민국 국민가수 왕.

「국민가수」 전문

오십년을 넘게 우아한 대한민국의 전통의상을 입고 고운 소리로 불러대는 저 여성은 누구를 위하여 그러는 것일까? 인간은 동성보다도 항상 이성에 관심을 가지는 것이다. 그래서 역설적으로 이미자는 찬바람이 부는 추운 날에도 관심을 가져달라고 빨간 동백꽃이 여기에 있다고 그렇게 애타게 불렀다. 멋진 한 쌍이 길을 걸어갈 때 처다 보는 남녀의 관심은 각기 다르다. 남성은 단연 아름다운 여성에게 무게를 두지만 여성은 멋있는 남성이 아니라 그 남성의 옆에서 걸어가는 여성이 왜 옆자리를 지키고 있는지를 관찰을 한다.

뒤에서 부르는 오빠야가
참으로 여운을 남기는
정겨운 부름이다

불러주는
그 소리가 자꾸만

가슴을 설레게 하는데

비음으로 들리는 그 음성이
오빠야 하고 불러주고 있으면
뜨거운 핏줄이 앞가슴 타고 내린다

그러다 다시 또 불러주고 있으면
뒤 돌아보지 않을 수 없는
나만의 오빠야.

「오빠야」 전문

인간이 멋있게 생활하며 살 수 있는 것이 참으로 행복함이다. 그 중에서도 인간은 동성보다 항상 이성에 관심을 가지는 것은 인류의 생존 법칙인 것이다. 그런데 현대에 와서 변해버린 수많은 것들 중에 오빠야 문화가 많은 비중을 차지하고 있는 것은 부정하지 못할 것이다.

한 부모에서 탄생한 오누이 사이에서 또한 혈연관계에서만 사용되던 단어가 지금은 전 사회적 관계에서 통용되고 있다. 선후배 사이에서 동료직원들 끼리에서 호칭으로 사용하던 것이 지금은 아예 사랑하는 사람과 부부사이에서도 통용되어 우리생활에 깊숙이 자리 잡아버린 오빠야의 문화다.

"오빠야 하고 불러주고 있으면 뜨거운 핏줄이 앞가슴 타고 내린다" 황홀함이 얼마나 심취했으면 이 지경에 까지 이르렀을까? 역시 인간은 아름다운 멋도 선호하지만 가슴을 불질러주는 애정을 먹고 사는 것이 가장 멋있는 것이다.

저자 강변문학시낭송회 회장

메 시 지

서 주 열 제2시집

인쇄일_ 2012년 9월 24일
발행일_ 2012년 9월 25일

지은이_ 서주열
펴낸이_ 최경식
펴낸곳_ 도서출판 청옥문학사
디자인_ 문화마을

등록번호_ 제10-11-05호
주　소_ 부산시 금정구 명서로 94, 101-411
H　P_ 070-8828-0068, 051-517-6068

ISBN 978-89-97805-00-6
값_ 10,000원